I0817426

TODO SOBRE LAS PALANCAS

Jennifer Howse

LIGHTBOX
openlightbox.com

LIGHTBOX

Entre a
www.openlightbox.com
e ingrese el código único
de este libro.

CÓDIGO DE ACCESO

LBXQ7479

Lightbox es una completa solución digital para enseñar y aprender temas curriculares de una manera original e innovadora. Lightbox se basa en las Normas Curriculares Nacionales.

CARACTERÍSTICAS ESTÁNDAR DE LIGHTBOX

AUDIO Narraciones de alta calidad con sistema de texto a voz

ACTIVIDADES PDFs imprimibles que pueden enviarse por correo electrónico y calificarse

PRESENTACIÓN EN DIAPOSITIVAS Ilustraciones gráficas de los conceptos clave

VIDEOS Videoclips de alta definición incorporados

ENLACES WEB Enlaces cuidadosamente seleccionados con recursos seguros para niños

TRANSPARENCIAS Capas paso a paso de mapas, diagramas, cuadros y cronologías

MAPAS INTERACTIVOS Mapas interactivos e imágenes satelitales aéreas

CUESTIONARIOS Diez preguntas de elección multiple con puntaje automático que se envían por correo electrónico al docente para su evaluación

PALABRAS CLAVE Combinación de los conceptos clave con sus definiciones

CONTENIDOS

La palanca

Una palanca es una barra móvil apoyada sobre un punto fijo. Con las palancas, es más fácil levantar los objetos. Las palancas se han usado por miles de años para empujar, levantar o tirar de cargas pesadas. Algunas herramientas de jardín son palancas. También hay muchos juegos que usan palancas y lo mismo ocurre con algunas computadoras.

La palanca es un tipo de máquina simple. Las máquinas son aparatos que usan **energía** para hacer una tarea. Hay seis tipos de máquinas simples: el plano inclinado, la palanca, la polea, el tornillo, la cuña y la rueda y el eje. Todas las máquinas simples facilitan el **trabajo**, pero no tienen baterías ni motores. Por sí mismas, no generan ningún tipo de energía adicional que ayude a realizar el trabajo, sino que cambian el **esfuerzo** que se necesita para hacer las tareas.

Un rastrillo es una palanca que quita las hojas del jardín. Los primeros rastrillos se usaron en China por el año 1000 a. C.

El futbolín, que usa palancas para mover la bola, se inventó en 1923.

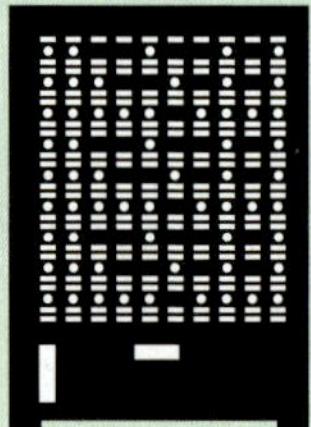

En la primera computadora, se usaron más de 1.000 palancas para mover los interruptores.

Un palo de golf es un tipo de palanca que aumenta la potencia del golpe haciendo que la pelota llegue más lejos.

Las máquinas simples

El plano inclinado y la palanca son las máquinas simples más básicas de todas. Incluso pueden encontrarse en otros tipos de máquinas simples.

Tipos de planos inclinados

El **plano inclinado** es la **más simple** de las máquinas simples. Cualquier **pendiente**, como la de una colina, es un plano inclinado.

Una **cuña** son dos planos inclinados **juntos**.

Un **tornillo** es un plano inclinado **envuelto** alrededor de una barra central.

Tipos de palancas

Una **palanca** es una barra apoyada sobre un **pivote** o **fulcro**. Si se empuja uno de los extremos de la barra hacia abajo, se puede **levantar** una carga colocada en el otro extremo de la barra.

Una **rueda y un eje** es una palanca en la que la barra **rodea** a un fulcro o eje.

Una **polea** es una palanca que utiliza una **rueda** como fulcro y una **soga** en lugar de una barra.

De lo simple a lo complejo

Las máquinas simples pueden combinarse para hacer otros tipos de máquinas. El nuevo aparato formado por la combinación de máquinas simples se llama máquina compuesta o compleja. Las palancas son necesarias en muchas máquinas complejas.

El montacargas

Un montacargas es un camión con horquillas en el frente que se deslizan debajo de una carga. Esta máquina facilita el movimiento de objetos grandes o pesados. Por lo general, los montacargas tienen cuatro ruedas y dos ejes y una especie de palanca sube y baja las horquillas.

La pinza de la ropa

Una pinza de la ropa es un clip pequeño que funciona como un tipo de palanca. Usa dos planos inclinados móviles unidos en el fulcro. Presionando esta palanca se pueden colgar pesadas prendas mojadas para que se sequen.

El cortador de pizza

Un cortador de pizza es una palanca. Su fulcro se encuentra donde la manija se une con la rueda. Esta rueda es una hoja redonda que gira alrededor de un eje. A medida que la hoja filosa gira, actúa como una cuña cortando la pizza.

El uso de las palancas

La palanca es una de las máquinas más antiguas. Se usaron palancas para construir algunas de las estructuras más famosas del mundo. Los científicos creen que algunos edificios antiguos, como la Gran Pirámide de Giza en Egipto y el Coliseo romano de Italia fueron construidos con la ayuda de palancas.

Hoy, la palanca sigue siendo una máquina importante. La gente usa palancas básicas como las palas. La mano de la persona que sostiene el mango de la pala por la parte superior es el fulcro. Cuando la otra mano empuja hacia arriba por la mitad del mango, la pala levanta una carga, como nieve o tierra. Las palancas también se usan en las grandes máquinas de construcción actuales, como en las **grúas** y las **retroexcavadoras.**

La Gran Pirámide de Giza, hecha con bloques de piedra, mide más de 480 pies (146 metros) de altura.

La utilidad de las palancas

La gente usa palancas todos los días para facilitar su trabajo. Hay tres tipos, o géneros, de palancas. Cada género funciona levemente diferente, pero todas producen el mismo resultado: reducen la cantidad de esfuerzo que se debe hacer para realizar un trabajo.

Los subibajas

Un subibaja es un ejemplo de palanca del primer género. Este tipo de palanca tiene el fulcro en el medio de la barra. La carga se coloca en uno de los extremos y en el otro extremo se aplica el esfuerzo necesario para mover la carga.

Las carretillas

La carretilla es un ejemplo de palanca del segundo género. En este tipo de palanca, el fulcro se encuentra en un extremo de la barra. La carga se ubica en el medio de la barra y en el otro extremo se aplica el esfuerzo necesario para mover la carga.

Las cañas de pescar

Una caña de pescar es un ejemplo de palanca del tercer género. En este tipo de palanca, el fulcro se encuentra en un extremo de la barra. El esfuerzo se aplica en el medio de la barra y la carga está en el otro extremo. El extremo del pescador es el fulcro y el extremo del pescado es la carga.

Las palancas del mundo

En todas partes del mundo se usan palancas en la vida cotidiana. Las tenazas y otras herramientas pequeñas contienen palancas. Los grandes equipos que se usan en la construcción también tienen palancas.

2

ITALIA Las teclas del piano son palancas que trabajan con otras máquinas simples para producir sonidos. El piano moderno se inventó en Florencia en 1709.

1

ESTADOS UNIDOS En el Hall de la Fama del Béisbol de Cooperstown, Nueva York, se encuentran exhibidos bates de béisbol históricos. Al balancearse, el bate de béisbol actúa como una palanca. Una de las manos del bateador es el fulcro y la otra mano aplica el esfuerzo.

AMÉRICA DEL NORTE

OCÉANO ATLÁNTICO

AMÉRICA DEL SUR

OCÉANO PACÍFICO

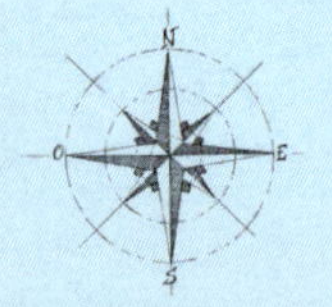

0 2.000 kilómetros
0 1.000 millas

Podemos encontrar palancas en los instrumentos musicales y en varios deportes. Los aparatos que los agricultores han utilizado por siglos son palancas. Este mapa muestra los lugares del mundo donde las palancas han tenido, y siguen teniendo, un papel importante.

Las palancas de la antigüedad

Stonehenge es un sitio histórico del sur de Inglaterra que se usaba hace más de 5.000 años. La principal característica del Stonehenge es un aro de grandes estructuras de piedra. Las rocas verticales del Stonehenge pesan unas 25 toneladas (22,7 toneladas métricas) y miden cerca de 18 pies (5,5 m) de alto.

Se debió haber necesitado un medio para subir estas enormes piedras hasta ese lugar. Los **arqueólogos** creen que una de las herramientas usadas para mover piedras de este tamaño pudo haber sido la palanca. Es probable que hayan sido largos troncos de árboles con grandes piedras como fulcro. Estas pesadas piedras pudieron haber sido levantadas y colocadas en ese lugar usando estas palancas simples.

Sobre las rocas verticales del Stonehenge, se apoyan piedras que pesan 7 toneladas (6,4 toneladas métricas).

Las palancas a lo largo del tiempo

15,000 a. C.
Los antiguos pueblos europeos usan el atlatl, un aparato que tiene una palanca que sirve para arrojar lanzas a una gran distancia.

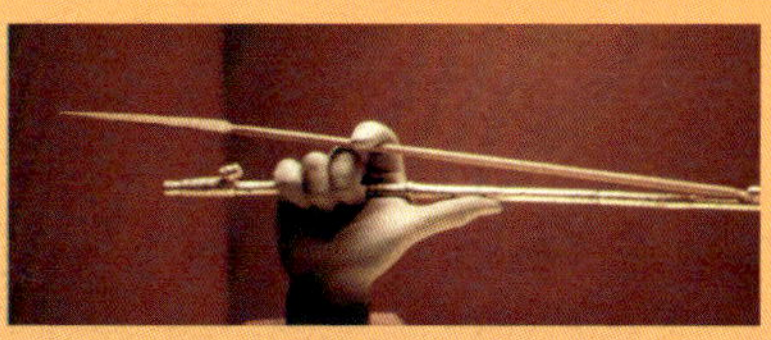

5000 a. C.
Se usan palancas en las balanzas para pesar cosas.

2700 a. C.
Los antiguos egipcios comienzan a construir pirámides.

Aproximadamente en el año 250 a. C.
El científico griego Arquímedes escribe un libro que explica el funcionamiento de la palanca.

400 a. C.
Dionisio, el líder de la antigua Grecia, inventa la catapulta, un arma que usa una palanca para arrojar objetos pesados.

100 d. C
Los antiguos romanos inventan el tipo de tijeras que usamos en la actualidad, con dos palancas conectadas por un fulcro.

1163
Comienza la construcción de la catedral de Notre Dame en París, donde los trabajadores usan por primera vez carretillas para mover cargas pesadas.

1894
William Chauncey Hooker inventa la trampa para ratones, que usa palancas para que la trampa se cierre y atrape al ratón.

1908
Se presentan las primeras grúas torre hechas para la industria de la construcción.

2008
La grúa Taisun, la más fuerte del mundo, se utiliza para levantar una carga de casi 22.000 toneladas (20.000 toneladas métricas) en China.

Cada equipo en el juego de la soga aplica fuerza a la soga para mover el medio de la soga sobre una marca en el suelo. Si ninguno de los equipos está ganando, es porque las fuerzas en ambos extremos de la soga están balanceadas.

La fuerza y el movimiento

La fuerza es un empujón o tirón que hace que un objeto se mueva o cambie su dirección. Cuando un objeto no se mueve, o está quieto, todas las fuerzas están balanceadas. Este balance se llama equilibrio.

Cuando los científicos estudian las fuerzas y el movimiento de los objetos, hay tres medidas que tienen en cuenta. Calculan el peso del objeto, su velocidad y la cantidad de fuerza que está haciendo que el objeto se mueva. Entender las fuerzas, cómo afectan a los objetos y cómo se afectan los objetos entre sí, puede facilitar el movimiento de los objetos.

La fuerza de gravedad

Todos los objetos tienen algo de **gravedad**, aunque suele ser muy débil. La gravedad de un objeto está relacionada con su **masa**. Cuanto mayor sea su masa, mayor será su fuerza de gravedad y la atracción que genere. La Tierra es un objeto enorme con una gran cantidad de masa. Esto significa que tiene mucha fuerza de gravedad. La gravedad de la Tierra atrae a los objetos terrestres hacia el centro del planeta.

La gravedad de la Tierra es lo que da peso a la masa de un objeto. Una roca grande tiene mucha masa. La gravedad de la Tierra ejerce una atracción sobre esta masa generando un gran peso. Se necesita mucha fuerza para mover un objeto que tiene mucho peso. Es por eso que cuesta tanto mover objetos pesados, y el uso de máquinas simples como las palancas puede ser importante.

Masa vs. Peso

A veces, la gente cree que la masa y el peso son lo mismo, pero no es así. La masa de un objeto es siempre la misma. Su peso puede cambiar dependiendo del lugar donde se encuentre.

La masa se suele medir en kilogramos (kg), mientras que el peso se mide en libras. Una persona con 91 kilogramos de masa, pesa 200 libras en la Tierra. Esto es porque la gravedad de la Tierra atrae a una masa de 91 kilogramos con una fuerza de 200 libras. La luna tiene una gravedad mucho menor, por lo que la misma persona pesa menos allí. La gravedad de la luna atrae a una masa de 91 kilogramos con una fuerza de solo 33 libras. Esa misma persona prácticamente no tiene peso dentro de una nave espacial porque hay muy poca gravedad. A pesar de seguir teniendo una masa de 91 kilogramos, la persona pesa 0 libras.

Trabajando con la fuerza

En la ciencia, cuando se usa una fuerza para mover un objeto a lo largo de una distancia, se genera trabajo. Para que haya trabajo, la fuerza debe aplicarse en la misma dirección en la que se mueve el objeto. Levantar una roca del suelo es trabajo porque la fuerza aplicada para levantar la roca va en la misma dirección ascendente que la dirección en la que se mueve la roca.

También se genera trabajo cuando una persona empuja una roca hacia adelante por el suelo. Pero, si se empuja una roca muy pesada y la roca no se mueve, eso no es trabajo. La persona puede sentirse cansada por el esfuerzo, pero la roca no se ha movido, por lo que no ha ocurrido ningún trabajo.

Una persona que empuja un automóvil por la carretera está haciendo trabajo.

A medida que aumenta la fuerza necesaria para mover un objeto, también aumenta el trabajo que da moverlo. Esto también se aplica a la distancia. La cantidad de trabajo que se necesita para mover el objeto aumenta a medida que aumenta la distancia a la que se debe mover el objeto.

Las máquinas simples facilitan el trabajo cambiando la cantidad y dirección de la fuerza necesaria para mover un objeto. Si bien se necesita menos fuerza, con las máquinas simples se necesitan mayores distancias.

Calculando el trabajo

La cantidad de trabajo necesario para levantar una bola de 10 libras (4,5 kg) cambia según la distancia a la que se la levante. Para calcular el trabajo, el peso de la bola se multiplica por la altura a la que se la levantará.

$10 \times 2 = 20$

Se necesitan 20 libras (9,1 kg) de esfuerzo para levantar la bola 2 pies (0,6 m).

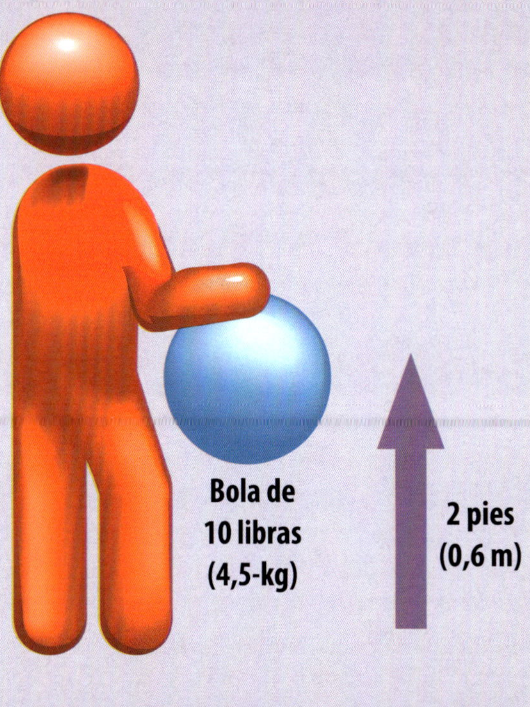

Un martillo actúa como una palanca cuando se usa para sacar un clavo de una tabla. La cabeza del martillo es el fulcro. Cuando se aplica fuerza en el mango, las orejas de la cabeza tiran del clavo hacia arriba.

Cómo funcionan las palancas

Las palancas ofrecen una **ventaja mecánica** que facilita el trabajo. Esto significa que las palancas hacen que se necesite menos esfuerzo para mover un objeto. Se necesita menos esfuerzo porque las palancas pueden aumentar el tamaño de la fuerza que se está aplicando.

Cuando se coloca una barra sobre un fulcro, el lado de la barra donde se aplica la fuerza se llama brazo de potencia. La fuerza aplicada se llama potencia. La fuerza que levanta un objeto del otro lado de la barra, o brazo de resistencia, es la resistencia. Si el fulcro no está en el centro de la barra y el brazo de potencia es más largo, la resistencia sobre el brazo de resistencia es mayor. De esta forma, una palanca larga puede convertir una potencia pequeña en una resistencia grande, pero la distancia que recorre el brazo de potencia es mucho mayor que la que recorre el brazo de resistencia. Esto significa que, si bien una palanca larga aumenta la fuerza aplicada a la carga, disminuye la distancia a la que se moverá la carga.

Calculando el esfuerzo

Una persona usa una palanca para levantar una bola de 10 libras (4,5 kg). Le resultaría más fácil mover la bola si el brazo de potencia de la palanca fuera más largo, pero si el brazo de potencia es más corto, necesitará más fuerza para mover la bola.

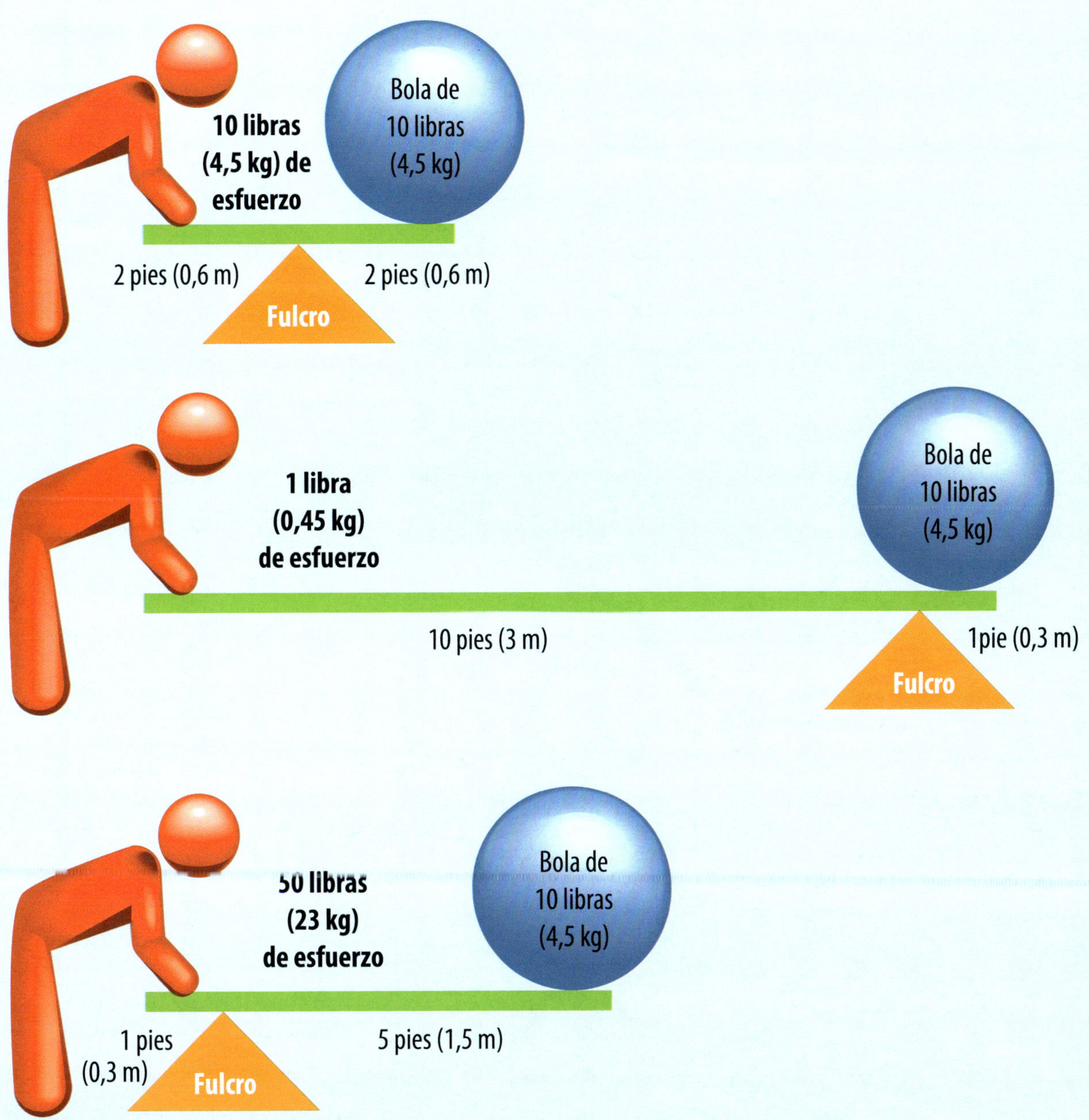

¿Qué es un operador de grúa?

Los operadores de grúas usan diferentes tipos de grúas para mover objetos pesados. Algunas grúas se instalan en la parte trasera de un camión, para que sea más fácil trasladarlas de un lugar a otro. Otras, se fijan al suelo. Las grúas fijas pueden ser grandes. Se usan para levantar objetos muy pesados, generalmente a grandes alturas. Los operadores de grúas deben estar capacitados para manejarlas. Deben saber cómo operar las palancas para mover objetos grandes y pesados en forma eficiente y sin riesgos.

A veces, los operadores de grúas deben trabajar a grandes alturas.

Arquímedes

Arquímedes fue un matemático, inventor e **ingeniero**, además de científico. Nació en Siracusa en el año 287 a. C. Arquímedes hizo varios descubrimientos importantes. Uno fue la ley de la palanca, que dice que los pesos que se equilibran a igual distancia del fulcro son iguales. Habiendo estudiado cómo las palancas facilitan la elevación de las cargas, se dice que Arquímedes expresó: "Dame un lugar donde pararme y moveré el mundo".

Acertijos

1 ¿Qué es una palanca?

2 ¿Cuántos tipos de máquinas simples hay?

3 ¿Dónde está el fulcro en una palanca del primer género?

4 ¿Dónde se coloca la carga en una palanca del segundo género?

5 ¿Dónde se aplica la potencia en una palanca del tercer género?

6 ¿Qué tipo de palanca es una caña de pescar?

7 ¿Qué es un atlatl?

8 ¿Qué pueblo de la antigüedad inventó el tipo de tijeras que se usan actualmente?

9 ¿Quién inventó la trampa para ratones?

10 ¿En qué ciudad nació Arquímedes?

RESPUESTAS: 1. Una palanca es una barra móvil que se apoya en un punto fijo. 2. Hay seis tipos de máquinas simples. 3. En una palanca del primer género, el fulcro está en el medio de la barra. 4. En una palanca del segundo género, la carga se coloca en el medio de la barra. 5. En una palanca del tercer género, la potencia se aplica en el medio de la barra. 6. Una caña de pescar es una palanca del tercer género. 7. Un atlatl es un aparato que usa una palanca para arrojar una lanza a grandes distancias. 8. Los antiguos romanos inventaron el tipo de tijeras que se usan actualmente, con dos palancas unidas en un fulcro. 9. William Chauncey Hooker inventó la trampa para ratones. 10. Arquímedes nació en la ciudad de Siracusa.

Palancas en acción

Descubre más sobre cómo afecta la posición del fulcro a la fuerza necesaria para mover una carga con una palanca.

Materiales que necesitas

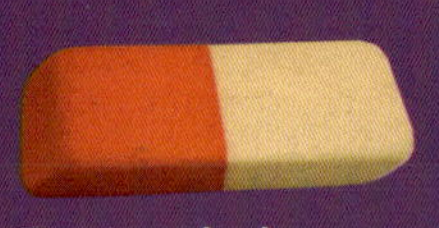
Goma de borrar

Piedra pesada de no más de 3 pulgadas (7,6 centímetros).

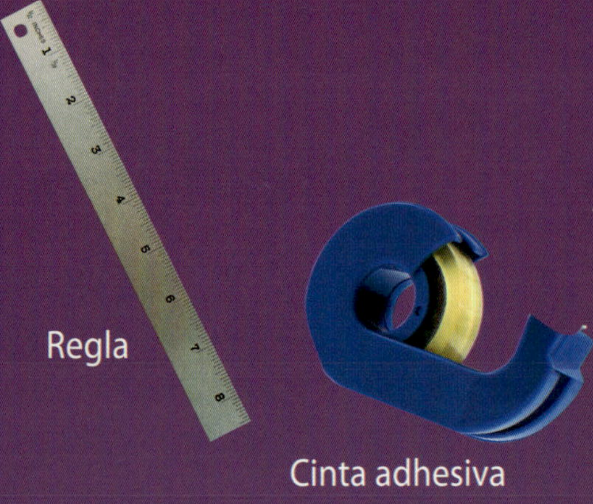
Regla

Cinta adhesiva

Instrucciones

1 Con la cinta, adhiere la piedra a uno de los extremos de la regla. La piedra es la carga que deberás mover.

2 Coloca la goma de borrar sobre la mesa. Este será el fulcro.

3 Coloca la regla sobre la goma de borrar. La goma debe quedar debajo del centro de la regla.

4 Presiona el extremo de la regla contrario al de la piedra. Observa cuánto tuviste que presionar para que la piedra se levante.

5 Acerca el fulcro hacia el extremo que tiene la piedra y vuelve a presionar. Observa cuánta fuerza necesitaste y hasta dónde se movió la piedra.

6 Acerca el fulcro al extremo que no tiene la piedra. Presiona y observa cuánta fuerza necesitaste para levantar la piedra.

Palabras clave

arqueólogos: científicos que estudian los restos de culturas pasadas

energía: fuerza necesaria para hacer un trabajo

esfuerzo: energía que se usa para mover un objeto

gravedad: fuerza que atrae a los objetos entre sí

grúas: máquinas que usan cables unidos a un brazo móvil para levantar y mover objetos pesados

ingeniero: persona que usa la ciencia para resolver problemas prácticos

masa: medida de la cantidad de materia que contiene un objeto

retroexcavadoras: máquinas que se usan para excavar, con una cuchara sujeta a un brazo articulado que se mueve hacia la máquina cuando está funcionando

trabajo: fuerza aplicada a lo largo de una distancia para mover un objeto

ventaja mecánica: medida de cuánto más fácil es una tarea cuando se usa una máquina simple

Índice

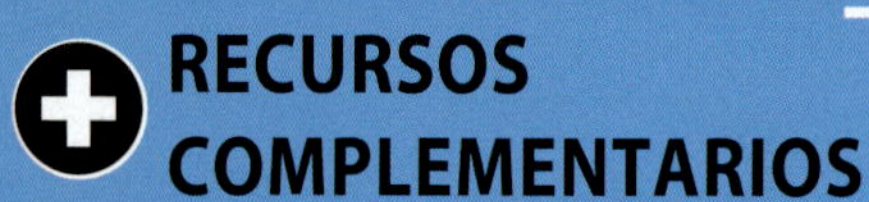

RECURSOS COMPLEMENTARIOS

Haga clic en el signo ⊕ que se encuentra en la esquina inferior izquierda de cada hoja para abrir más recursos para docentes.

- Descargue e imprima los cuestionarios y actividades del libro
- Acceda a las correlaciones curriculares
- Explore otras aplicaciones web que optimizan la experiencia de Lightbox

TÍTULOS DIGITALES DE LIGHTBOX

Incluyen un paquete completo de medios integrados

VIDEOS

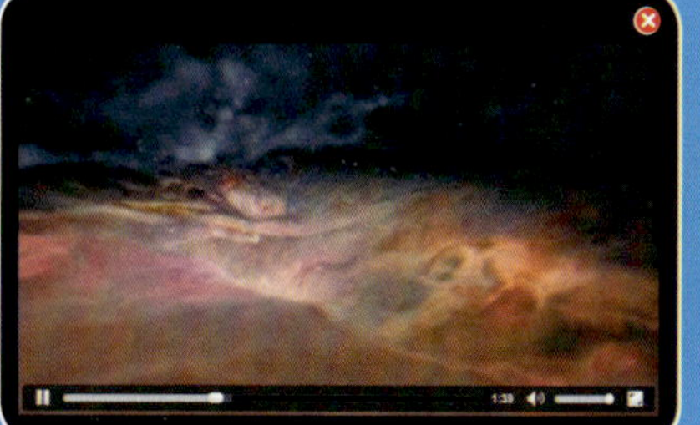

MAPAS INTERACTIVOS

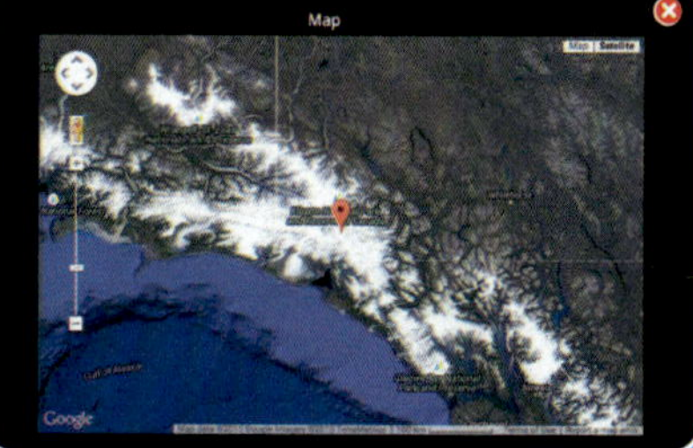

ENLACES WEB

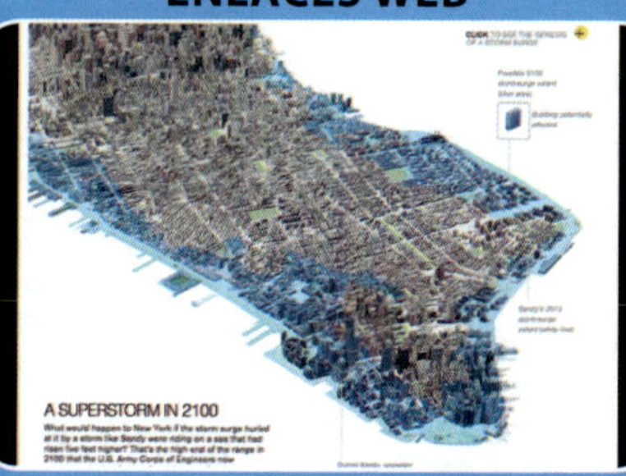

PRESENTACIONES EN DIAPOSITIVAS

CUESTIONARIOS

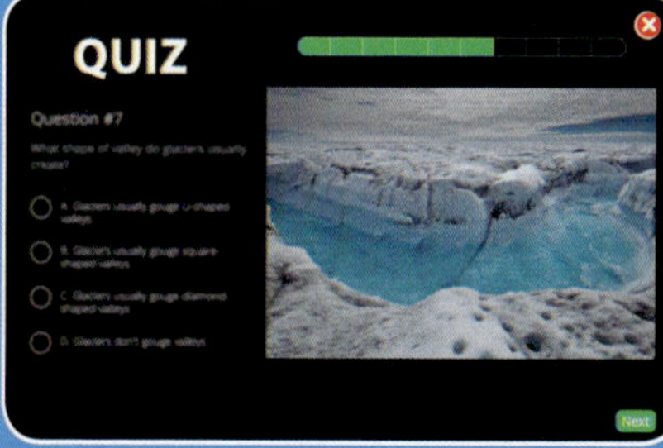

OPTIMIZADO PARA

- ✓ TABLETAS
- ✓ PIZARRAS ELECTRÓNIC
- ✓ COMPUTADORAS
- ✓ ¡Y MUCHO MÁS!

Published by Smartbook Media, Inc.
350 5th Avenue, 59th Floor New York, NY 10118
Website: www.openlightbox.com

Spanish Project Coordinator: Sara Cucini
Spanish Editor: Translation Cloud LLC
Project Coordinator: Heather Kissock
Art Director: Terry Paulhus

Library of Congress Control Number: 2017961975

ISBN 978-1-5105-3422-3 (hardcover)
ISBN 978-1-5105-3423-0 (multi-user ebook)

Printed in Brainerd, Minnesota, United States
1 2 3 4 5 6 7 8 9 0 22 21 20 19 18

042018
011518

Every reasonable effort has been made to trace ownership and to obtain permission to reprint copyright material. The publisher would be pleased to have any errors or omissions brought to its attention so that they may be corrected in subsequent printings.

The publisher acknowledges Alamy, Corbis, Getty Images, and iStock as its primary image suppliers for this title.